Mützen, Hüte & Co. stricken & verfilzen

Kaum ein anderes Kleidungsstück unterstreicht Ihre Persönlichkeit so wie ein Hut. Und kaum ein anderes Kleidungsstück kann Ihre Stimmung so gut zum Ausdruck bringen wie ein Hut, eine Kappe oder eine Mütze.

Mit der neuen Strick-und-Filz-Technik können Sie sich endlich Hüte und Mützen ganz individuell selbst anfertigen. Erst stricken mit großen Nadeln, dann ab in die Waschmaschine und verfilzen. Ob Trendmodell oder eleganter Klassiker – jedes Stück wird ein schickes Unikat!

Viel Spaß beim „Strickfilzen“ wünscht Ihnen

Romantische Perlen-Kappe

→ in Schwarz oder Petrol

GRÖSSE
Kopfumfang 54 cm

MATERIAL
- Anchor Wash+ Filz-it! in Schwarz (Fb 01) oder Petrol (Fb 07), 150 g
- Rundstricknadel Nr. 8
- verschiedene Perlen
- Stickgarn, Reste

MASCHEN-PROBE
Mit Nd Nr. 8 im Grundmuster 12 M und 17 R = 10 cm x 10 cm

gefilzt 15 M und 22,5 R = 10 cm x 10 cm

Grundmuster
Glatt rechts: Hinr rechts, Rückr links

Anleitung

Für die hintere Mitte 24 M in Schwarz/ Petrol anschlagen und 15x die 8 R der Strickschrift im Grundmuster str. Zusätzlich nach 30 R mit den Zunahmen für das Schild beginnen. Dafür am rechten Rand in jeder 2. R 9x 1 M und in jeder 4. R 1x 1 M dazu anschlagen (= 34 M). In der 61. R eine verkürzte R nur über die zugenommenen 10 M str. Mit einer Dm (siehe Allgemeine Erklärungen) wenden. Dies sind die beiden mittl R (eventuell eine Markierung zur besseren Übersichtlichkeit anbringen). Nun die Mütze gegengleich beenden, d. h. aus Zu- werden Abnahmen und aus Ab- werden Zunahmen.
Nach 122 R alle 24 M abk.

Die Anschlag- und Abkett-R flach ohne Wulst in Schwarz/Petrol zusnähen. Die obere Öffnung mit einem Faden Wash+Filz-it! in Schwarz/Petrol zusziehen und vernähen.

Waschen
Alles bei 40 °C waschen (Allgemeine Erklärungen).

Fertigstellen
Die Mütze nach dem Waschen aufprobieren und in Form ziehen. Mit den Perlen und dem Stickgarn besticken.

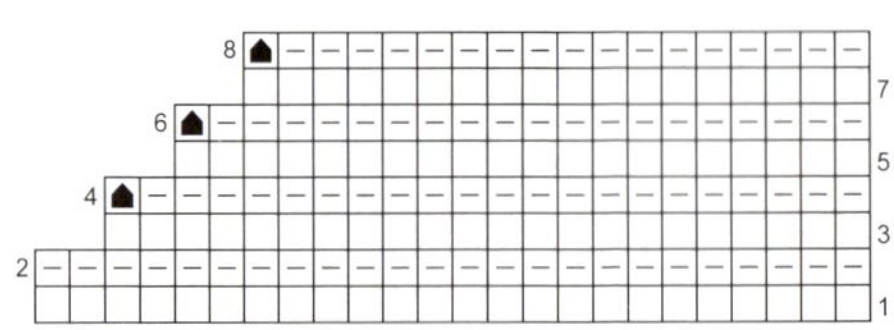

Mit Keil und Bogen

→ und sichtbaren Nähten

GRÖSSE
Kopfumfang
ca. 53-55 cm

MATERIAL
- Anchor Wash+ Filz-it! in Sienna (Fb 05), Schoko (Fb 03) und Beige (Fb 14), je 50 g
- Rundstricknadel Nr. 8

MASCHENPROBE
Mit Nd Nr. 8 im Grundmuster
12 M und 17 R
= 10 cm x 10 cm

gefilzt
15 M und 22,5 R
= 10 cm x 10 cm

Grundmuster

Glatt rechts: Hinr rechts, Rückr links

Anleitung

Für den Keil der Mütze 30 M anschlagen. Nach 22 R alle M abk. Von jeder Farbe je 2 Keile nach Strickschrift str.

Mit Filzwolle die Keile farbig abwechselnd zusnähen. Dabei sollen die Nähte zur rechten Seite zeigen. Ca. 4 cm unterhalb des oberen Randes die Mütze mit Filzwolle zusziehen und fest vernähen.

Waschen

Alles bei 40 °C einmal waschen (Allgemeine Erklärungen). Die Mütze nach dem Waschen aufprobieren und in Form ziehen.

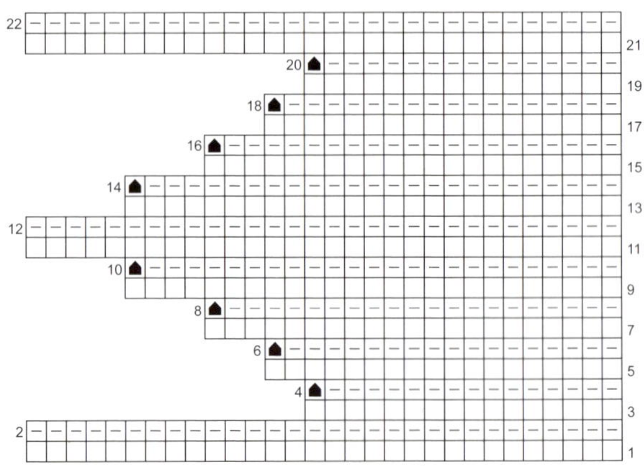

Kein alter Zopf

→ Mütze mit Ohrenklappen

GRÖSSE
Kopfumfang
ca. 53-55 cm

MATERIAL
- Anchor Wash+ Filz-it! in Weiß (Fb 02), 50 g und Mint (Fb 09), 150 g
- Rundstricknadel Nr. 8

MASCHENPROBE
Mit Nd Nr. 8 im Grundmuster
12 M und 17 R
= 10 cm x 10 cm

gefilzt
15 M und 22,5 R
= 10 cm x 10 cm

Grundmuster

Glatt rechts: Hinr rechts, Rückr links

Anleitung

Begonnen wird in der hinteren Mitte. Es wird um den Kopf herumgestrickt. 29 M anschlagen und im Grundmuster nach der Strickschrift str. Diese 8 R insgesamt 15x arbeiten.
Zusätzlich für die Ohrenklappen nur am rechten Rand ab der 3. R 9x 2 M in jeder 2. R anschlagen. Danach 8 R ohne Zunahmen str. Dann jede 2. R 2x 1 M, 1x 13 M, 1x 2 M und 3x 1 M abk. Es sind jetzt 27 M auf der Nd. Nach weiteren 20 R (= 60. R) ist die Mitte erreicht. Nun die Mütze gegengleich beenden. Aus Zu- werden Abnahmen und aus Ab- werden Zunahmen. Nach 120 R die restl 29 M abk.

Die Anschlag- und Abkett-R flach ohne Wulst in Mint zusnähen. Die obere Öffnung auch mit einem Faden in Mint zusziehen und vernähen.

Waschen

Alles bei 40 °C einmal waschen (Allgemeine Erklärungen). Die Mütze nach dem Waschen aufprobieren und in Form ziehen.

Fertigstellen

Einen Bommel von ca. 6 cm ø (Allgemeine Erklärungen) in Mint und Weiß herstellen und auf die Kopfmitte nähen. Die ganze Mütze in Weiß umstechen. Nun zwei Zöpfe flechten: Dafür jeweils 12 Fäden (6x Weiß und 6x Mint) von 60 cm Länge zuschneiden und zur Hälfte legen (=24 Fäden von je 30 cm). Daraus einen Zopf flechten (3x 8 Fäden) und am unteren Ende abbinden. Den zweiten Zopf genauso flechten und beide Zöpfe annähen.

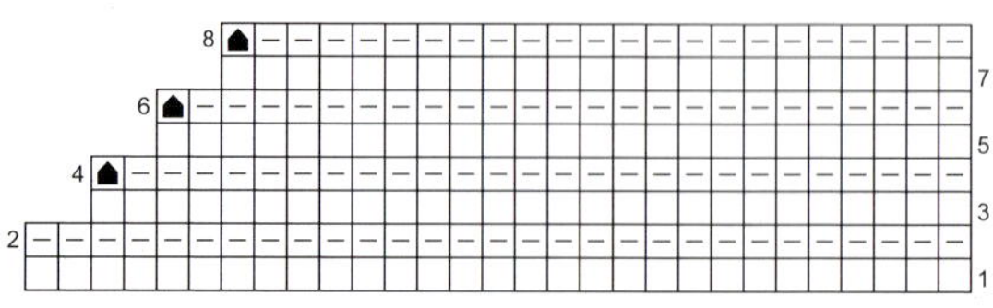

Hut in Grün

→ nicht nur für den Herbst

GRÖSSE
Kopfumfang ca. 55-56 cm

MATERIAL
- Anchor Wash+ Filz-it! in Oliv (Fb 17), 200 g
- Gedifra Fashion Trend Fino Stripe in Braun meliert (Fb 5612), 50 g
- Rundstricknadeln Nr. 4,5 und 8
- Knopf in Grün, ø 2 cm

MASCHENPROBE
Mit Nd Nr. 8 im Grundmuster 12 M und 17 R = 10 cm x 10 cm

gefilzt
15 M und 22,5 R = 10 cm x 10 cm

Grundmuster
Glatt rechts: Hinr rechts, Rückr links

Perlmuster
Hinr: 1 M rechts, 1 M links
Rückr: alle M versetzen

Anleitung

Für die hintere Mitte 36 M in Oliv anschlagen und nach der Strickschrift str. Die 1. bis 12. R 15x str. Danach alle M abk.

Die Anschlag- und Abkett-R flach ohne Wulst in Oliv zusnähen. Die obere Öffnung mit einem Faden in Oliv zusziehen und vernähen.

Waschen
Alles bei 40 °C einmal waschen (Allgemeine Erklärungen). Die Mütze nach dem Waschen aufprobieren und in Form ziehen.

Fertigstellen
Für das Hutband 9 M mit Nd Nr. 4,5 in Braun meliert anschlagen und 60 cm im Perlmuster str. Alle M abk und die Anschlag-R einmal verdreht an die Abkett-R nähen. Das Band um den Hut legen und mit dem Knopf befestigen.

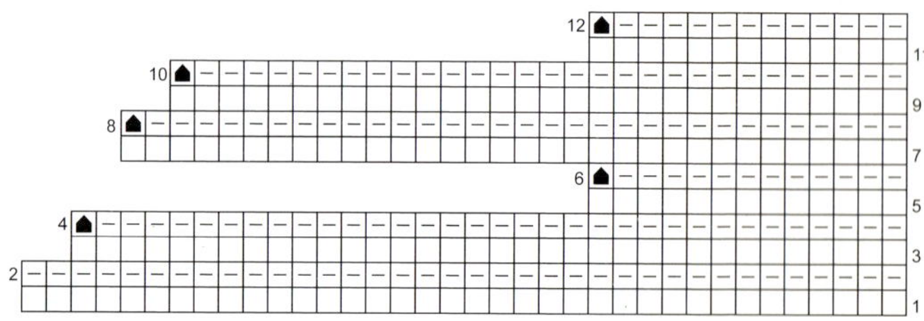

Rote Mütze mit Biesen

→ feminin und extra warm

GRÖSSE
Kopfumfang
ca. 53-55 cm

MATERIAL
- Anchor Wash+ Filz-it! in Burgund (Fb 06), 250 g
- Rundstricknadel Nr. 8

MASCHEN-PROBE
Mit Nd Nr. 8 im Grundmuster
12 M und 17 R
= 10 cm x 10 cm

gefilzt
15 M und 22,5 R
= 10 cm x 10 cm

Grundmuster

Glatt rechts: Hinr rechts, Rückr links

Anleitung

Begonnen wird in der hinteren Mitte mit 40 M Anschlag. 15x die 8 R des Zählmusters str. Danach alle M abk.

Fertigstellen

Die Anschlag- und Abkett-R flach ohne Wulst in Burgund zusnähen. Die obere Öffnung mit einem Faden in Burgund zusziehen und vernähen. Nun die Kappe auf links drehen und die Biesen abnähen. Dafür mit einem Faden in Burgund die 4. und 11. M (von hinten sind das glatt rechte M) ringsherum zusnähen. Die M dazwischen werden dadurch nach vorne geschoben und so ergibt sich die Biese. Genauso die 2. Biese mit der 15. und 21 M. abnähen.

Waschen

Alles bei 40 °C einmal waschen (Allgemeine Erklärungen). Die Mütze nach dem Waschen aufprobieren und in Form ziehen. Durch die Biesen sitzt die Mütze etwas strammer!

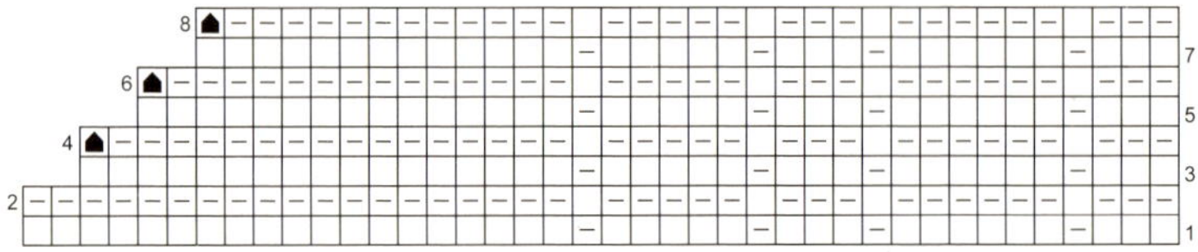

Baskenmütze, Steckschal & Fäustlinge

→ fürs perfekte Outfit

GRÖSSE

Kopfumfang ca. 55-57 cm

Handschuhgröße 7,5

Schallänge verfilzt ca. 159 cm mit Fransen

MATERIAL

- Anchor Wash+Filz-it! in Weiß (Fb 02), Hellblau (Fb 08), Mint (Fb 09) und Beige (Fb 14), Reste
- Häkelnadel Nr. 6

BASKENMÜTZE

- Schachenmayr Ecologico Color in Tundra Color (Fb 1725), 150 g
- Anchor Wash+Filz-it! in Grau (Fb 15), 50 g
- Rundstricknadeln Nr. 6 und 8
- Nadelspiel Nr. 6
- 2 Glassteine in Weiß

STECKSCHAL

- Schachenmayr Ecologico Color in Tundra Color (Fb 1725), 200 g
- Rundstricknadel Nr. 6
- 2 Glassteine in Weiß

FÄUSTLINGE

- Schachenmayr Ecologico Color in Tundra Color (Fb 1725), 100 g
- Schachenmayr Regia 6fädig in Natur (Fb 1992), 50 g
- Nadelspiel Nr. 6
- Nadelspiel Nr. 3,5

MASCHENPROBE

Mit Nd Nr. 8 und Wash+Filz-it! im Grundmuster 1 12 M und 17 R = 10 cm x 10 cm

gefilzt 15 M und 22,5 R = 10 cm x 10 cm

Mit Nd Nr. 6 und Ecologico im Grundmuster 1 15 M und 21 R = 10 cm x 10 cm

gefilzt 22,5 M und 34 R = 10 cm x 10 cm

Grundmuster 1

Glatt rechts: Hinr rechts, Rückr links, in Rd nur rechts str

Baskenmütze

Mit Nd Nr. 8 und Wash+Filz it! in Grau 10 M anschlagen und 122 R im Grundmuster 1 str. Alle M abk und die Anschlag- und Abkett-R zusnähen. Aus einer Kante dieses Rings mit Nd Nr. 6 und Ecologico Color 125 M auff und im Grundmuster 1 in Rd str. Dabei M wie folgt zun:
11. Rd: nach jeder 25. M 1 M zun
= insgesamt 130 M
16. Rd: nach jeder 13. M 1 M zun
= insgesamt 140 M
27. Rd: für den Bruch 1 Rd linke M str
Für das Kappenoberteil werden ab jetzt M zusgestrickt:
33. Rd: jede 9. und 10. M zusstr
38. Rd:jede 8. und 9. M zusstr
42. Rd: jede 7. und 8. M zusstr
45. Rd: jede 6. und 7. M zusstr
Jetzt auf das Nadelspiel Nr. 6 wechseln.
47. Rd: jede 5. und 6. M zusstr
49. Rd: jede 4. und 5. M zusstr
51. Rd: jede 3. und 4. M zusstr
53. Rd: jede 2. und 3. M zusstr
55. Rd: immer 2 M zusstr
57. Rd: immer 2 M zusstr
Den Faden abschneiden, restliche 7 M damit zusziehen und vernähen.

Baskenmütze, Steckschal & Fäustlinge

Fransen

Für die Fransen jeweils aus Wash+Filz-it! in Grau, Hellblau, Mint, Weiß und Beige 50 Lm häkeln und Anfang und Ende gut verknoten. Die Lm-Schnüre jeweils halbiert auf die Mitte der Mütze nähen.

Waschen

Alles bei 40 °C einmal waschen (Allgemeine Erklärungen). Den Hut nach dem Waschen aufprobieren und in Form ziehen.

Fertigstellen

Die beiden Glassteine annähen. Zum Trocknen in das obere Teil der Mütze einen Teller o. ä. spannen. Dann wird die Form der Kappe schön rund!

Steckschal

Grundmuster 2

1. R: Rdm, 1 M rechts aus dem Querfaden zun, *19 M rechts, 3 M links zusstr, 19 M rechts, aus der nächsten M 1 M rechts, 1 U, 1 M rechts herausstr*; von * bis * noch 5x wdh, 19 M rechts, 3 M links zusstr, 1 M aus dem Querfaden zun, Rdm.

1. R: alle M und U links str.

Diese beiden R stets wdh.

Schal

Der Schal wird quer gestr. Dafür 295 M anschlagen und im Grundmuster 2 str. In der 11. R für den ersten Schlitz die 67. bis 81. M und die 215. bis 229. M abk. Dafür in der 12. R wieder jeweils 15 M darüber anschlagen. In der 21. und 22. R die 11. und 12. R wdh. Nach weiteren 10 R die Arbeit beenden und alle M locker abk.

Fransen

Für die Fransen jeweils aus Wash+Filz it! Lm-Schnüre von je 50 Lm in Grau, Hellblau, Weiß, Mint (2x) und Beige (2x) häkeln. Die Schnüre halbiert an die Schmalseiten des Schals nähen. Anfang und Ende der Fransen fest verknoten.

Waschen

Alles bei 40 °C einmal waschen (Allgemeine Erklärungen).

Fertigstellen

Je einen Glasstein auf die Stege zwischen den Schlitzen nähen.

Fäustlinge

Bündchenmuster

2 M rechts, 2 M links im Wechsel, in jeder 4. Rd. die beiden rechten M verkreuzen

Rechter Handschuh

Mit Regia und Nadelspiel 3,5 für das Bündchen 44 M anschlagen und im Bündchenmuster ca. 10 cm str. Noch eine Rd im Grundmuster 1 arb.

Für die Hand mit Nadelspiel Nr. 6 und Ecologico 15 Rd im Grundmuster 1 str. Dann für den Daumenzwickel in der 16. Rd mit den Zunahmen (je 1 M rechts verschränkt aus dem Querfaden) vor und nach der 3. M der 1. Nd beginnen. Dann weiter 3x in jeder 3. Rd und noch 2x in jeder 2. Rd vor der zuvor und nach der zuvor zugenommenen M je 1 M zun. Jetzt ist die Zwickelbreite von 13 M erreicht. Noch 2 Rd im Grundmuster 1 str und dann die 13 Zwickel-M stilllegen.
Darüber 5 M anschlagen. In der nächsten Rd die beiden ersten M der 5 neuen M überzogen und die zwei letzten M rechts zusstr. Eine Rd später die restl 3 M des Daumenstegs rechts überzogen zusstr. Es befinden sich wieder 44 M auf den Nd. Gerade hoch weiterstr.
In der 70. Rd nach dem Bündchen mit den Abnahmen für die Spitze beginnen: Bei der 1. und 3. Nd. die 1. M rechts str, dann die 2. M rechts abheben, die 3. M str, die abgehobene M überziehen. Bei der 2. und 4. Nd die

zweit- und drittletzte M rechts zusstr. Diese Abnahmen noch 4x in jeder 2. Rd und 4x in jeder Rd wdh. Faden abschneiden und restl 8 M zusziehen.
Für den Daumen zu den stillgelegten M noch 5 M auff (= 18 M). Auf 3 Nd mit je 6 M 20 Rd str. Für die Spitze jeweils die beiden letzten M jeder Nd rechts zusstr bis nur noch 6 M übrig bleiben. Faden abschneiden und zusziehen.

Linker Handschuh

Den linken Handschuh genauso str, aber für den Daumenzwickel werden die M vor und nach der drittletzten M der 4. Nd zugenommen.

Fransen

Für die Fransen jeweils Schnüre aus Wash+Filz it! in Grau, Hellblau, Mint, Weiß und Beige von 20 Lm häkeln. Diese Lm-Schnüre seitlich am Bündchen annähen. Anfang und Ende der Fransen gut verknoten.

Waschen

Alles bei 40 °C einmal waschen (Allgemeine Erklärungen).
Die Handschuhe nach dem Waschen sofort anprobieren und in Form ziehen.

Grauer Hut

→ mit schwarzen Streifen

GRÖSSE
Kopfumfang ca. 54-56 cm

MATERIAL
- Anchor Wash+ Filz-it! in Grau (Fb 15), 200 g und Schwarz (Fb 01), 50 g
- Rundstricknadel Nr. 8
- Nadelspiel Nr. 8

MASCHEN-PROBE
Mit Nd Nr. 8 im Grundmuster 12 M und 17 R = 10 cm x 10 cm

gefilzt
15 M und 22,5 R = 10 cm x 10 cm

Grundmuster

Glatt rechts: Hinr rechts, Rückr links

Anleitung

Beginn ist die hintere Mitte. Dafür 36 M in Grau anschlagen und nach der Strickschrift str.
Die 1. bis 12. R 5x str (= 60 R), 1x die 1. bis 12. R in Schwarz str, dann die 1. bis 12.R noch 9x in Grau str. Alle M abk.

Die Anschlag- und Abkett-R flach ohne Wulst in Grau zusnähen. Die obere Öffnung ebenfalls mit einem Faden in Grau zuziehen und vernähen.

Kordel

6 M auf 2 Nd des Nadelspiels in Grau anschlagen und über 170 Rd eine Kordel (siehe Allgemeine Erklärungen) str. Dabei alle 10-15 Rd die Farbe wechseln. Mit Grau enden und alle M abk.

Waschen

Alles bei 40 °C einmal waschen (Allgemeine Erklärungen).

Fertigstellen

Den Hut nach dem Waschen aufprobieren und in Form ziehen. Die Kordel um den Hut legen und mit einem Stich oder einer kleinen Brosche fixieren.

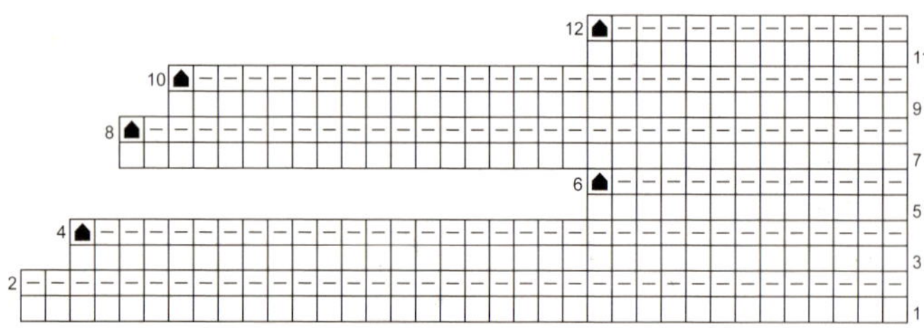

Mütze mit Mohairrand

→ extravagant

GRÖSSE
Kopfumfang ca. 54-55 cm

MATERIAL
- Anchor Wash+ Filz-it! in Oliv (Fb 17), 150 g
- Gedifra Moos in Grün (Fb 7180), 50 g
- 2 Knöpfe in Hellgrün
- Rundstricknadel Nr. 8

MASCHEN-PROBE
Mit Nd Nr. 8 und Wash+Filz-it! im Grundmuster 12 M und 17 R = 10 cm x 10 cm

gefilzt
15 M und 22,5 R = 10 cm x 10 cm

Mit Nd Nr. 8 und Gedifra kraus rechts 15 M und 20 R = 10 cm x 10 cm

Grundmuster
Glatt rechts: Hinr rechts, Rückr links

Kraus rechts
Hinr rechts, Rückr rechts

Hinweis: Gedifra in Moos mit doppeltem Faden str.

Anleitung

Begonnen wird in der hinteren Mitte. 24 M in Wash+Filz-it! in Oliv anschlagen und 15x die 8 R der Strickschrift im Grundmuster str. Danach alle M abk.

Die Anschlag- und Abkett-R flach ohne Wulst in Oliv zusnähen. Die obere Öffnung auch mit einem Faden in Oliv zusziehen und vernähen.

Waschen
Alles bei 40 °C einmal waschen (Allgemeine Erklärungen). Die Mütze nach dem Waschen aufprobieren und in Form ziehen.

Krempe
Mit doppeltem Faden in Moos 10 M anschlagen und 34 R kraus rechts str. Dann eine Zacke nach rechts arbeiten. Dafür die nächsten 10 R wie folgt str: In der Hinr die 1. M verdoppeln und die letzten beiden M rechts zusstr. In der Rückr alle M rechts str. Diese beiden R 4x wdh. Für die Zacke nach links in den Hinr der nächsten 10 R die ersten beiden M zusstr und die letzte M verdoppeln. Die Rückr jeweils nur rechts str. Anschließend noch je eine rechte und linke Zacke str. Noch 50 R weiter gerade str. Alle M abk und die Anschlag- und Abkettr flach zusnähen. Die Krempe um den Hut legen und am unteren Rand innen annähen. In die Spitzen der Zacken je einen Knopf nähen.

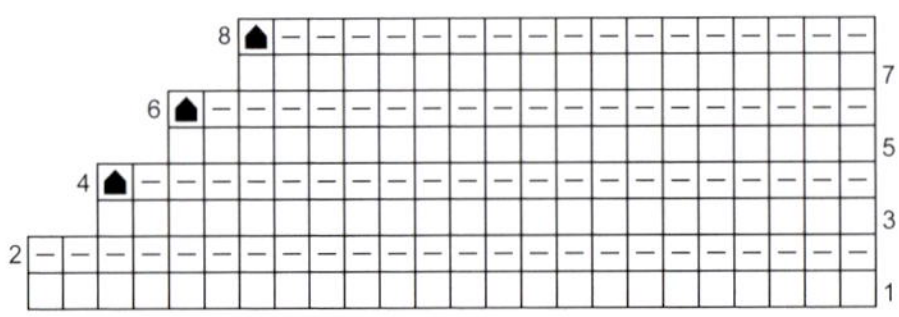

Stirnband & Fäustlinge

→ absolut wintertauglich

GRÖSSE
Kopfumfang
ca. 53-55 cm
Handschuhgröße 7

MATERIAL
- Sticktwist in Gelb, Rest

STIRNBAND
- Schachenmayr Ecologico Color in Bambus Color (Fb 1728), 50 g
- Anchor Wash+Filz-it! in Mango (Fb 04), 50 g
- Rundstricknadeln Nr. 6 und 8
- 4 Blütenknöpfe in Gelb
- 12 Facettenperlen in Grün, ø 4 mm

FÄUSTLINGE
- Schachenmayr Ecologico Color in Bambus Color (Fb 1728), 100 g
- Nadelspiel Nr. 6
- 2 Blütenknöpfe in Gelb
- 24 Facettenperlen in Grün, ø 4 mm

MASCHENPROBE
Mit Nd Nr. 8 und Wash+ Filz-it! im Grundmuster 12 M und 17 R = 10 cm x 10 cm

gefilzt 15 M und 22,5 R = 10 cm x 10 cm

Mit Nd Nr. 6 und Ecologico im Grundmuster 15 M und 21 R = 10 cm x 10 cm

gefilzt 22,5 M und 34 R = 10 cm x 10 cm

Grundmuster

Glatt rechts: Hinr rechts, Rückr links, in Rd nur rechts str

Stirnband

7 M für den gelben Streifen in Mango mit Nd Nr. 8 anschlagen und 116 R im Grundmuster str und alle M abk. Die Anschlag-R an die Abkett-R nähen. Auf diesem Ring für den oberen Streifen in Bambus Color 116 M mit der Rundstricknd Nr. 6 auff und im Grundmuster 4 Rd str. Alle M links abk.
Für die Ohrenklappe aus der anderen Kante des gelben Streifens ebenfalls 116 M mit der Rundstricknd Nr. 6 auff. Nach 4 Rd im Grundmuster verkürzte R str. Dafür von der hinteren Mitte aus 40 M rechts str, wenden, 1 Dm arb, 79 M links str, wenden, 1 Dm arb, 78 M rechts str, wenden, 1 Dm arb, 77 M links str, wenden, 1 Dm arb, 76 M rechts str, wenden, 1 Dm arb, 75 M links str, wenden, 1 Dm arb, 74 M rechts str, wenden, 1 Dm arb, 73 M links str, wenden, 1 Dm arb, 72 M rechts str, wenden, 1 Dm arb, 71 M links str, wenden, 1 Dm arb, 70 M rechts str, wenden, 1 Dm arb, 69 M links str, wenden, 1 Dm arb, 68 M rechts str, wenden, 1 Dm arbeiten, 67 M links str, wenden, 1 Dm arb, 33 M rechts str. Von dieser hinteren Mitte befinden sich nun auf jeder Seite 7 Dm. Jetzt 1 Rd linke M über alle M str und dabei alles nicht zu fest abk.

Fäustlinge

Bündchenmuster

2 M rechts, 2 M links im Wechsel, in jeder 4. Rd. die beiden rechten M verkreuzen.

Rechter Handschuh

Für das Bündchen 44 M anschlagen und im Bündchenmuster 32 Rd str, dann noch 1 Rd im Grundmuster arb. Für die Hand 15 Rd im Grundmuster str.
Dann für den Daumenzwickel in der 16. Rd mit den Zunahmen (je 1 M rechts verschränkt aus dem Querfaden) vor und nach der 3. M der 1. Nd beginnen. Dann weiter 3x in jeder 3. Rd und noch 2x in jeder 2. Rd vor der zuvor und nach der zuvor zugenommenen M je 1 M zun. Jetzt ist die Zwickelbreite von 13 M erreicht. Noch 2 Rd im Grundmuster str und dann die 13 Zwickel-M stilllegen und darüber 5 M anschlagen. In der nächsten Rd die 2 ersten M der 5 neuen M überzogen und die 2 letzten M rechts zusstr. Die restl 3 M des Daumenstegs eine Rd später rechts überzogen zusstr. Es befinden sich wieder 44 M auf den Nd. Gerade hoch weiterstr.
In der 65. Rd nach dem Bündchen für die Spitze abn: Bei der 1. und 3. Nd. die 1. M rechts str, dann die 2. M rechts abheben, die 3. M str, die abgehobene M überziehen. Bei der 2. und 4. Nd die zweit- und drittletzte M rechts zusstr. Diese Abnahmen noch 4x in jeder 2. Rd und 4x in jeder Rd wdh. Faden abschneiden und restl 8 M zuziehen.
Für den Daumen zu den stillgelegten M noch 5 M auff (=18 M). Auf 3 Nd mit je 6 M 18 Rd str. Für die Spitze jeweils die beiden letzten M jeder Nd rechts zusstr, bis nur noch 6 M übrig bleiben. Faden abschneiden und zuziehen.

Linker Handschuh

Genauso str, aber für den Daumenzwickel werden die M vor und nach der drittletzten M der 4. Nd zugenommen.

Waschen

Alles bei 40 °C einmal waschen (Allgemeine Erklärungen).

Fertigstellen

Das Stirnband und die Handschuhe nach dem Waschen sofort anprobieren und in Form ziehen.
Für das Stirnband 3 Knöpfe mit Sticktwist wie im Bild annähen. Den vierten Knopf anknoten und auf die beiden Fadenenden 1x 5 und 1x 7 Perlen fädeln.
Für die Fäustlinge die Knöpfe mit dem Sticktwist anknoten und auf die beiden Enden 1x 5 und 1x 7 Perlen fädeln.

Mütze für wilde Jungs

→ aber mit Kuschelohren

GRÖSSE
Kopfumfang ca. 48-50 cm

MATERIAL
- Schachenmayr Ecologico Color in Blau Color (Fb 1730), 150 g
- Schachenmayr Softy in Marine (Fb 431), 50 g
- Nadelspiel Nr. 6
- Rundstricknadel Nr. 6
- 1 Paar Stricknadeln Nr. 3,5

MASCHENPROBE
Mit Nd Nr. 6 und Ecologico im Grundmuster 15 M und 21 R = 10 cm x 10 cm

gefilzt 22,5 M und 34 R = 10 cm x 10 cm

Grundmuster

Glatt rechts: Hinr rechts, Rückr links, in Rd nur rechts str

Anleitung

Begonnen wird mit dem Schlauch für den Knoten an der oberen Mitte der Mütze. Dafür 9 M auf das Nadelspiel Nr. 6 mit Ecologico anschlagen und 35 Rd im Grundmuster str. Anschließend für die Kappe wie folgt M zun, dabei die Zunahmestellen verteilen, dann wird die Kopfform runder:
2. Rd: jede M verdoppeln
4. Rd: 9 M zun
6. Rd: 9 M zun
8. Rd: 9 M zun
10. Rd: 9 M zun
12. Rd: 9 M zun
14. Rd: 9 M zun
16. Rd: 9 M zun
18. Rd: 9 M zun
22. Rd: 9 M zun
26. Rd: 9 M zun
30. Rd: 4 M zun = 112 M

Weitere 30 Rd ohne Zunahmen str und den Faden abschneiden. Über die vorderen mittl 44 M das Schild str. Dafür 2 R im Grundmuster arbeiten, dann beidseitig jede 2. R 10x 1 M und 1x 2 M abk. Die restl 20 M auf einmal abk.
Die verbleibenden 68 M wie folgt aufteilen: Die mittl 22 M abk, über je 23 M die beiden Ohrenklappen str. Dafür beidseitig in jeder 6. R 4x 1 M, in jeder 4. R 3x 1 M und in jeder 2. R 3x 1 M abk. Die restl 3 M auf einmal abk.

Waschen

Alles bei 40 °C einmal waschen (Allgemeine Erklärungen).

Fertigstellen

Für das Futter aus Schachenmayr Softy die beiden Ohrenklappen (Anschlag je 23 M) und das Schild (Anschlag 44 M) noch einmal mit Nd Nr. 3,5 str und einnähen.
Um eine saubere Kante zu erhalten, die Teile rechts auf rechts auf die gefilzten Gegenstücke bis auf die oberen geraden Nähte stecken und annähen, wenden und die restl Naht innen schließen. Den gefilzten Schlauch vom Anfang verknoten.

Prinzessinenhut

→ mit Schneeflöckchen

GRÖSSE
Kopfumfang
ca. 48-50 cm

MATERIAL
- Anchor Wash+ Filz-it! in Weiß (Fb 02), Rose (Fb 10) und Pink (Fb 11), je 50 g
- Rundstricknadel Nr. 8
- 17 verschiedene Perlen in Weiß, Flieder, Pink, ø 6-8 mm
- Tüllband in Weiß, 3-4 cm breit, 1,50 m

MASCHENPROBE
Mit Nd Nr. 8 im Grundmuster
12 M und 17 R
= 10 cm x 10 cm

gefilzt
15 M und 22,5 R
= 10 cm x 10 cm

Grundmuster

Glatt rechts: Hinr rechts, Rückr links, in Rd nur rechts str

Anleitung

Insgesamt 30 M mit Nd 8 anschlagen, aber dabei die ersten 10 M in Weiß, dann 10 M in Pink und 10 M in Rose anschlagen. Beim Stricken die Fäden verkreuzen, damit keine Löcher beim Farbwechsel entstehen. Nach der Strickschrift mit der 2. R (= Rückr) beginnen.
Die 1. bis 14. R 11x arbeiten, nach jedem Rapport (= 14 R) die Farben austauschen. Dafür immer die Farbe nach rechts wechseln, aus Weiß wird Pink, aus Pink wird Rose und aus Rose wird Weiß. Alle M abk.

Die Anschlag- und Abkett-R flach ohne Wulst in Weiß zusnähen. Die obere Öffnung mit einem Faden in Weiß zuziehen und vernähen.

Waschen

Alles bei 40 °C einmal waschen (Allgemeine Erklärungen). Den Hut nach dem Waschen aufprobieren und in Form ziehen.

Fertigstellen

Verteilt auf 16 Stellen am Hut kleine Schleifchen anbringen. Dafür Tüllbandstücke von je ca. 8 cm zusfalten und mit einer Perle festnähen. Zuletzt noch eine Perle auf die obere Kopfmitte nähen.

Tipp: Falls Sie kein Tüllband bekommen, eignet sich auch Tüll vom Meter. Ein weißes Fliegengitter wäre eine Alternative!

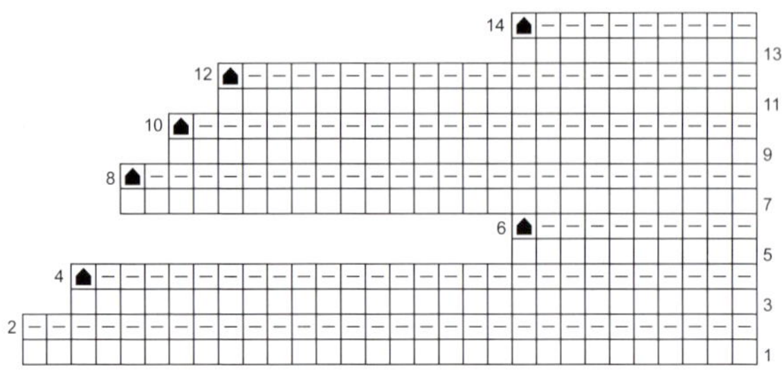

Fäustlinge & Mütze

→ für kleine Damen

GRÖSSE
Kopfumfang ca. 48-50 cm
Handschuhgröße 4

MATERIAL FÄUSTLINGE

- Schachenmayr Ecologico Color in Exotic Color (Fb 1729), 100 g
- Schachenmayr Universa in Bernstein (Fb 26), 50 g
- Nadelspiel Nr. 3,5 und 6

MÜTZE

- Anchor Wash+Filz-it! in Sienna (Fb 05) und Violett (Fb 18), je 50 g
- Schachenmayr Ecologico Color in Exotic Color (Fb 1729), 100 g
- Schachenmayr Universa in Bernstein (Fb 26), 50 g
- Rundstricknadeln Nr. 6 und 8
- Sticktwist in verschiedenen Farben, Reste
- 1 spitze Sticknadel Nr. 20

MASCHENPROBE
Mit Nd Nr. 6 und Ecologico im Grundmuster 15 M und 21 R = 10 cm x 10 cm

gefilzt 22,5 M und 34 R = 10 cm x 10 cm

Mit Nd Nr. 8 und Wash+ Filz-it! im Grundmuster 12 M und 17 R = 10 cm x 10 cm

gefilzt 15 M und 22,5 R = 10 cm x 10 cm

Grundmuster

Glatt rechts: Hinr rechts, Rückr links, in Rd nur rechts str

Fäustlinge

Bündchenmuster

2 M rechts, 2 M links im Wechsel

Rechter Handschuh

In Bernstein mit Nadelspiel Nr. 3,5 das Bündchen str. Dafür 32 M anschlagen und im Bündchenmuster ca. 10 cm str. Noch eine Rd im Grundmuster arb.
Für die Hand mit Nadelspiel Nr. 6 und Ecologico 13 Rd im Grundmuster str. Dann für den Daumenzwickel in der 14. Rd mit den Zunahmen (je 1 M rechts verschränkt aus dem Querfaden) vor und nach der 3. M der 1. Nd beginnen. Dann weiter 3x in jeder 3. Rd vor der zuvor und nach der zuvor zugenommenen M je 1 M zun. Jetzt ist die Zwickelbreite von 19 M erreicht. Noch 2 Rd im Grundmuster str. Dann die 9 Zwickel-M stilllegen und darüber 3 M anschlagen. In der nächsten Rd die 3 M des Daumenstegs rechts überzogen zusstr. Es befinden sich wieder 32 M auf den Nd. Gerade hoch weiterstr. In der 50. Rd nach Bund für die Spitze abn: Bei der 1. und 3. Nd. die 1. M rechts str, dann die 2. M rechts abheben, die 3. M str, die abgehobene M überziehen. Bei der 2. und 4. Nd die zweit- und drittletzte M rechts zusstr. Diese Abnahmen noch 2x in jeder 2. Rd und 3x in jeder Rd wdh. Den Faden abschneiden und restl 8 M zusziehen.
Mit Nadelspiel Nr. 3,5 in Bernstein für den Daumen zu den stillgelegten M noch 3 M auff (= 12 M). Auf 3 Nd mit je 4 M 3,5 cm str. Für die Spitze jeweils die beiden letzten M jeder Nd rechts zusstr bis 6 M übrig bleiben. Den Faden abschneiden und die M zusziehen.

Linker Handschuh

Genauso str, aber für den Daumenzwickel werden die M vor und nach der drittletzten M der 4. Nd zugenommen.

Mütze

Mit Nd Nr. 8 in Sienna 12 M anschlagen und für das Bündchen 108 R im Grundmuster str. Alle M abk. Die Anschlag- mit der Abkett-R flach zusnähen.
In Exotic Color und Nd Nr. 6 aus einer Kante 108 M auff und in Rd im Grundmuster arb. Dabei jede 27. M markieren. Vor und nach diesen markierten M in der 9. und 13. Rd je 1 M aus dem Querfaden rechts verschränkt zun. Ab der 17. Rd alle 124 M in Violett mit Nd Nr. 8 weiterstr. In der 25. Rd alle M abk.
In Exotic Color und Nd Nr. 6 im Grundmuster ein Quadrat von 40 M und 64 R str. Alle M abk. Dieses Stück in die Kappe als Deckel einnähen. Darauf achten, dass die Ecken des Quadrats auf die markierten M der Mütze genäht werden. Zum Einnähen Wash+Filz it! oder Ecologico verwenden, da sonst die Naht nicht mitfilzt!

Waschen

Alles bei 40 °C einmal waschen (Allgemeine Erklärungen).

Fertigstellen

Die Mütze und die Handschuhe nach dem Waschen sofort anprobieren und in Form ziehen.
Für die Fäustlinge aus Universa in Bernstein 2 Pompons von ca. ø 3 cm (Allgemeine Erklärungen) fertigen und an die Fäustlinge nähen.
Für die Mütze aus Universa in Bernstein 4 Pompons von ca. ø 3 cm (Allgemeine Erklärungen) fertigen und an die Ecken nähen.
Für die Stickerei mit einem (wasserlöslichen) Stift die Raupe grob auf die Mütze vorzeichnen und dann in verschiedenen Farben mit Kettstichen ausfüllen. Dafür den Sticktwist 4fädig verwenden.

Tipp: Wem die Stickerei zu aufwendig ist, kann eine Applikation aufbügeln oder aufnähen.

Herrenschirmmütze

→ zum Wenden

GRÖSSE
Kopfumfang
ca. 56-58 cm

MATERIAL
- Anchor Wash+ Filz-it! in Grau (Fb 15), 200 g
- Schachenmayr Universa in Jeans (Fb 57), 100 g
- Nadelspiel Nr. 8
- Rundstricknadel Nr. 5 und 8
- 2 Knöpfe in Silber, ø 25 mm
- 4 Knöpfe in Silber, ø 18 mm
- 2 Kordelstopper in Silber, ø 25 mm
- Lederbändchen in Grau, 50 cm

MASCHEN-PROBE
Mit Nd Nr. 8 und Wash+Filz-it! im Grundmuster 12 M und 17 R = 10 cm x 10 cm

gefilzt
15 M und 22,5 R = 10 cm x 10 cm

Mit Nr. 8 und Universa (doppelt) 15 M und 22,5 R = 10 cm x 10 cm

Grundmuster

Glatt rechts: Hinr rechts, Rückr links, in Rd nur rechts str

Hinweis: Schachenmayr Universa wird mit doppeltem Faden gestrickt!

Filzkappe

Mit Nadelspiel Nr. 8 in Grau 8 M anschlagen und im Grundmuster str und wie folgt aus dem Querfaden rechts verschränkt M zun. Dabei bei Bedarf auf die Rundstricknd wechseln.
2. Rd: jede M verdoppeln
4. Rd: jede 2. M verdoppeln
6. Rd: jede 3. M verdoppeln
8. Rd: jede 4. M verdoppeln
10. Rd: jede 5. M verdoppeln
12. Rd: jede 6. M verdoppeln
14. Rd: jede 7. M verdoppeln
17. Rd: jede 8. M verdoppeln
20. Rd: jede 9. M verdoppeln
(= 80 M)
Diese 80 M noch 26 Rd ohne Zunahmen str und den Faden abschneiden.
In der 47. Rd (Rundenbeginn ist die hintere Mitte) über die vorderen mittl 30 M das Schild arbeiten. Dafür beidseitig in jeder 4. R 3x 1 M, in jeder 2. R 2x 1 M und in jeder 2. R 1x 2 M abk. Die restl 16 M abk.

Für die Ohrenklappen über alle restl 50 M 1 R rechts str. Auf der linken Rückr die mittl 16 M abk und von den verbleibenden 2x 17 M jeweils in der 8. R 1x 1 M, in jeder 6. R 2x 1 M, in jeder 4. R 2x 1 M und in der 2. R 1x 2 M abk. Die restl 3 M auf einmal abk.

Waschen

Alles bei 40 °C einmal waschen (Allgemeine Erklärungen). Den Hut nach dem Waschen aufprobieren und in Form ziehen.

Blaue Kappe

Die Strickkappe mit doppeltem Faden und Nadelspiel Nr. 5 wie die Filzmütze str. Anschließend mit der Rundstricknd ringsum ca. 160 M auff und 1 Rd rechts str. Dann alle M abk.

Fertigstellen

Die Strickmütze auf die Filzmütze nähen. Dabei aber nicht ganz durch den Filz stechen, dann kann die Mütze auch als Wendemütze getragen werden. Anschließend durch beide Schichten in die obere Mitte 2 große Knöpfe und auf die Enden der Ohrenklappen je 2 kleine Knöpfe gegeneinander nähen. 2 Stücke vom Lederbändchen von ca. je 20 cm Länge abschneiden und je einen Kordelstopper einfädeln. Die Bändchen zwischen den Mützenschichten durchfädeln, verknoten und nach innen ziehen.

Herrenhut & Fäustlinge

→ für lange Spaziergänge

GRÖSSE
Kopfumfang ca. 56-58 cm
Handschuhgröße 8,5

MATERIAL
HUT

- Schachenmayr Ecologico Color in Brasil Color (Fb 1727), 200 g
- Anchor Wash+Filz-it! in Beige (Fb 14), 50 g
- Rundstricknadeln Nr. 6 und 8
- Sticktwist in Dunkelbraun, Rest
- Häkelnadel Nr. 2
- Ledergürtel

FÄUSTLINGE

- Schachenmayr Ecologico Color in Brasil Color (Fb 1727), 150 g
- Anchor Wash+Filz-it! in Beige (Fb 14), 50 g
- Nadelspiel Nr. 6 und 8

MASCHENPROBE
Mit Nd Nr. 8 und Wash+Filz-it! im Grundmuster
12 M und 17 R = 10 cm x 10 cm
gefilzt 15 M und 22,5 R = 10 cm x 10 cm
Mit Nd Nr. 6 und Ecologico im Grundmuster
15 M und 21 R = 10 cm x 10 cm
gefilzt 22,5 M und 34 R = 10 cm x 10 cm

Grundmuster

Glatt rechts: Hinr rechts, Rückr links, in Rd nur rechts

Hut

Das Oberteil des Hutes wird um den Kopf herumgestrickt. Dafür 35 M mit Nd Nr. 6 in Brasil Color anschlagen und mit der 2. R (= Rückr) der Strickschrift beginnen. Leere Kästchen in der Strickschrift haben keine Bedeutung, werden nicht gestrickt und dienen nur der besseren Übersichtlichkeit! Die 28 R der Strickschrift 7x und dann die 1. bis einschließlich der 15. R arbeiten (210 R). Alle M abk, die hintere Naht und die obere Öffnung schließen. Aus dem unteren Rand in Beige mit Nd Nr. 8 gleichmäßig verteilt 87 M auff und 7 Rd im Grundmuster str. Alle M abk. Mit Nd Nr. 6 in Brasil Color aus dieser Abkett-Rd 125 M gleichmäßig verteilt herausstr. Für die Krempe in der 4. Rd 5 M, in der 8., 12., 16. und 20. Rd jeweils verteilt 10 M zun. In der 24. Rd alle 170 M locker abk.

Fäustlinge

Rechter Handschuh

Mit Brasil Color und Nadelspiel Nr. 6 48 M für das Bündchen anschlagen und im Grundmuster str. Nach 30 R mit Nadelspiel Nr. 8 in Beige 6 Rd str, dabei jede 2. und 3. M zusstr (= 36 M). Weiter mit Brasil Color und Nadelspiel Nr. 6 im Grundmuster 1 Rd str und dabei jede 2. M verdoppeln. Für die Hand 20 Rd im Grundmuster str.
Dann für den Daumenzwickel in der 21. Rd mit den Zunahmen (je 1 M rechts verschränkt aus dem Querfaden) vor und nach der 3. M der 1. Nd beginnen. Dann weiter 3x in jeder 3. Rd und noch 4x in jeder 2. Rd vor der zuvor und nach der zuvor zugenommenen M je 1 M zun. Jetzt ist die Zwickelbreite von 17 M erreicht. Noch 2 Rd im Grundmuster str und dann die 17 Zwickel-M stilllegen und darüber 5 M anschlagen.
In der nächsten Rd die beiden ersten M der 5 neuen M überzogen und die zwei letzten M rechts zusstr. Eine Rd später die restl 3 M des Daumenstegs rechts überzogen zusstr. Es be-

WEITERFÜHRUNG

Herrenhut & Fäustlinge

finden sich wieder 48 M auf den Nd. Gerade hoch weiterstr. In der 71. Rd nach dem Bündchen für die Spitze abn: Bei der 1. und 3. Nd. die 1. M rechts str, dann die 2. M rechts abheben, die 3. M str, die abgehobene M überziehen. Bei der 2. und 4. Nd die zweit- und drittletzte M rechts zusstr. Diese Abnahmen noch 4x in jeder 2. Rd und 5x in jeder Rd wdh. Faden abschneiden und restl 8 M zusziehen. Für den Daumen zu den stillgelegten M noch 3 M auff (= 20 M). Auf 3 Nd verteilt 20 Rd str. Für die Spitze jeweils die beiden letzten M jeder Nd rechts zusstr, bis nur noch 6 M übrig bleiben. Faden abschneiden und zusziehen.

Linker Handschuh

Genauso str, aber für den Daumenzwickel werden die M vor und nach der drittletzten M der 4. Nd zugenommen.

Waschen

Alles bei 40 °C einmal waschen (Allgemeine Erklärungen).
Den Hut nach dem Waschen aufprobieren und in Form bringen, d.h. oben der Länge nach etwas „eindellen" und vorne leicht zusdrücken. Die Handschuhe nach dem Waschen sofort anprobieren und in Form ziehen.

Fertigstellen

Den Ledergürtel auf 70 cm Länge kürzen und am Hut anbringen. Dafür 3 Schlaufen aus 12-15 Lm Sticktwist häkeln, auf dem Hut rechts, hinten und links annähen und den Gürtel einfädeln.

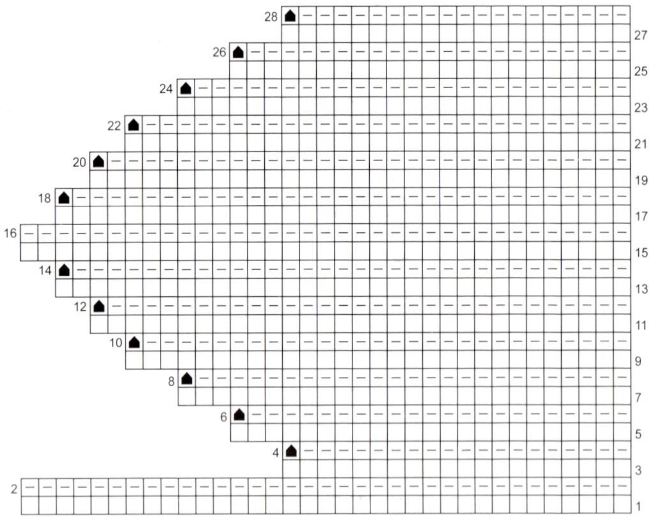

IMPRESSUM

FOTOS: frechverlag GmbH, 70499 Stuttgart; Fotostudio Ullrich & Co., Renningen
DRUCK: frechdruck GmbH, 70499 Stuttgart

Auflage: 6. 5.
Jahr: 2013 2012 2011 2010 [Letzte Zahlen maßgebend]

ISBN 978-3-7724-6651-9
Best.-Nr. 6651

Doppelmaschen arbeiten

Die letzte Masche einer verkürzten Reihe wie alle übrigen Maschen abstricken und das Strickstück wenden. Den Faden vor die Arbeit nehmen und die Masche wie zum Linksstricken abheben. Zieht man nun den Faden fest nach hinten, ziehen sich die beiden Schlingen der unteren Masche über die Nadel, die Doppelmasche entsteht. Der Faden liegt nun hinten. Um mit linken Maschen fortzufahren, den Faden zwischen den Nadeln nach vorne holen.

Doppelmaschen in Hinreihen arbeiten

Letzte Masche stricken, wenden

Faden nach vorne, abheben

Faden nach hinten anziehen

Fertige Doppelmasche

Doppelmaschen in Rückreihen arbeiten

Letzte Masche stricken, wenden

Faden nach vorne, abheben

Faden nach hinten anziehen

Fertige Doppelmasche

Doppelmaschen abstricken

Eine Doppelmasche wird als eine Masche abgestrickt.
Darauf achten, dass beide Fäden erfasst und zusammen abgestrickt werden.

Rechts abstricken

Links abstricken

Strickkordel

Für die Kordel die angegebene Maschenzahl anschlagen. *Die Maschen rechts bzw. links stricken, zurück an das andere Ende der Nadel schieben und rechts bzw. links stricken. Ab und zu am Anfangsfaden ziehen, damit die Kordel schön gleichmäßig wird. Ab * wiederholen, bis die Kordel die gewünschte Länge erreicht hat.

Alternativ kann die Kordel auch mit einer 4- oder 8-hakigen Strickliesel oder einer Strickmühle gestrickt werden.

ABKÜRZUNGEN

abk = abketten	Nd = Nadel(n)
abn = abnehmen	R = Reihe(n)
auff = auffassen	Rd = Runde(n)
Dm = Doppelmasche(n)	restl = restiche(n)
Fb = Farbe	Rückr = Rückreihe
fM= feste Masche(n)	str = stricken
Hinr = Hinreihe	U = Umschlag
Lm = Luftmasche(n)	wdh = wiederholen
M = Masche(n)	zun = zunehmen
mittl = mittlere(n)	zus = zusammen

ZEICHENERKLÄRUNG

☐ = in Hinr 1 Masche rechts, in Rückr 1 Masche links

⊟ = in Hinr 1 Masche links, in Rückr 1 Masche rechts

◘ = 1 doppelte Masche

Die Modelle lassen sich in folgende Schwierigkeitsgrade unterteilen:

- einfach
- etwas schwieriger
- anspruchsvoll

Wir danken der Firma Coats für die Unterstützung bei diesem Buch:
Coats GmbH Kenzingen
www.coatsgmbh.de

Tipp: Die Materiallisten für die Modelle beinhalten genaue Garnbezeichnungen. Im Fachhandel finden Sie ein vielfältiges Angebot an verschiedensten Garnen und Farben.